Kateimatoaa

Te korokaraki iroun Sophia Evans
Te korotaamnei iroun Nai Sae

Library For All Ltd.

E boutokaaki karaoan te boki aio i aan ana reitaki ae tamaaroa te Tautaeka ni Kiribati ma te Tautaeka n Aotiteeria rinanon te Bootaki n Reirei. E boboto te reitaki aio i aon katamaaroaan te reirei ibukiia ataein Kiribati ni kabane.

E boreetiaki te boki aio iroun te Library for All rinanon ana mwane ni buoka te Tautaeka n Aotiteeria.

Te Library for All bon te rabwata ae aki karekemwane mai Aotiteeria ao e boboto ana mwakuri i aon kataabangakan te ataibwai bwa e na kona n reke irouia aomata ni kabane. Noora libraryforall.org

Kateimatoaa

E moan boreetiaki 2022
E moan boreetiaki te katootoo aio n 2022

E boreetiaki iroun Library For All Ltd
Meeri: info@libraryforall.org
URL: libraryforall.org

Te korotaamnei iroun Nai Sae

Atuun te boki Kateimatoaa
Aran te tia korokaraki Evans, Sophia
ISBN: 978-1-922918-57-4
SKU02438

Kateimatoaa

Kateimatoaa
bon te taeka
ae kaminonano
taekinana,

ma e aki
kaangaanga
karaoana.
E nanonaki
iai bwa....

3

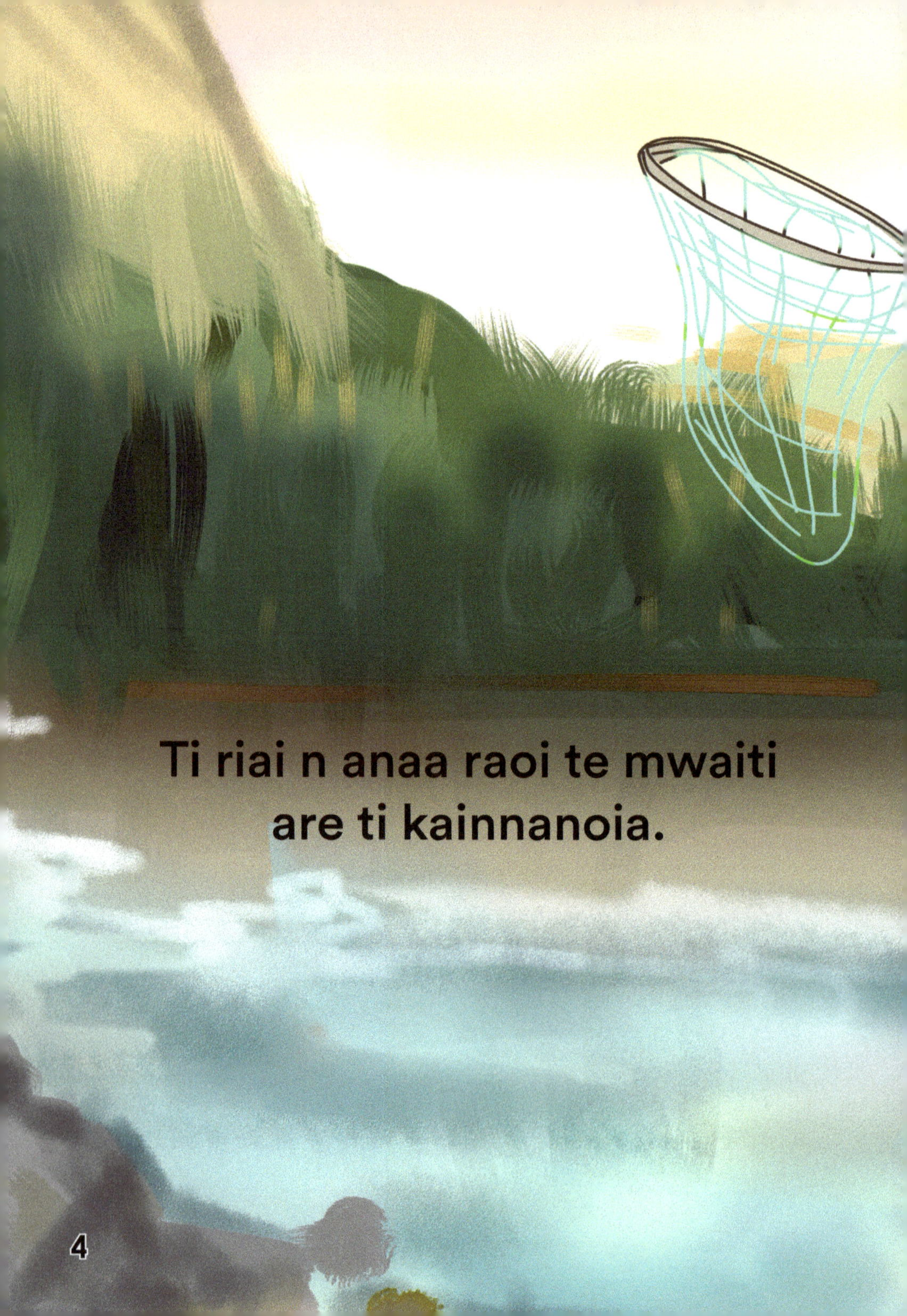

Ti riai n anaa raoi te mwaiti
are ti kainnanoia.

Ti riai n aki
bakataea te ran.

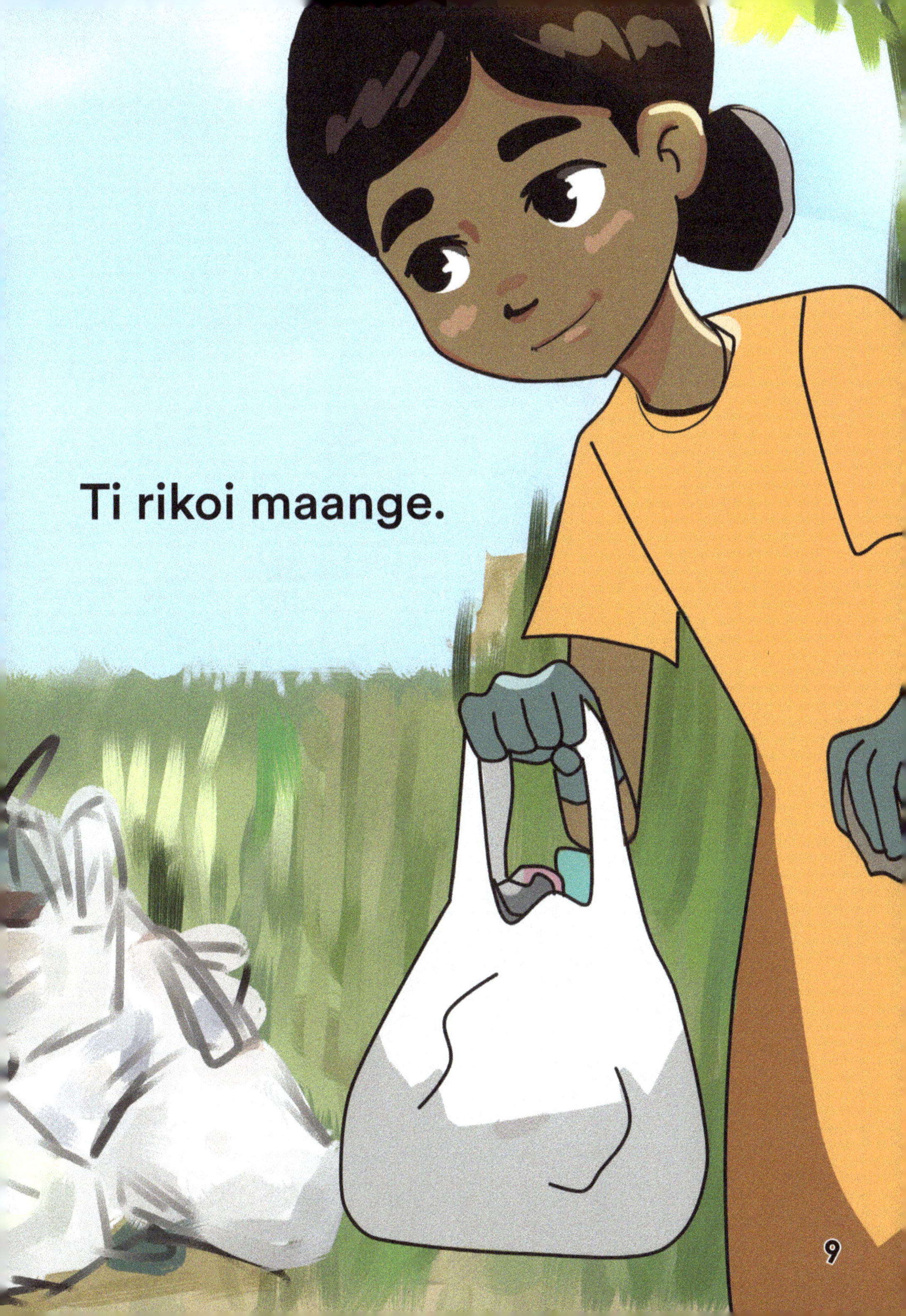

Ti rikoi maange.

Ti kaokiokii kaboonganaan
ara baeki ni boobwai.

Ti kataia n aki uruana aron
te ootabwanin.

Ti rianna nakon ara reirei.

Ti karaoi bwaai aika uruaki ti aonga n aki manga kabooi aika boou.

Ti na katuka
te aonnaba ni
katamaroaa riki
nakon are ngke
ti moan nooria.

Kateimatoaa
e nanonaki
iai bwa ti
tararuaia raoi
ngkai ibukin
taai aika a
na roko.

Ko kona ni kaboonganai titiraki aikai ni maroorooakina te boki aio ma am utuu, raoraom ao taan reirei.

Teraa ae ko reiakinna man te boki aio?

Kabwarabwaraa te boki aio.
E kaakamanga? E kakamaaku?
E kaunga? E kakaongoraa?

Teraa am namakin i mwiin warekan te boki aio?

Teraa maamaten nanom man te boki aei?

Karina ara burokuraem ni wareware
getlibraryforall.org

Rongorongoia taan ibuobuoki

E mmwammwakuri te Library For All ma taan korokaraki ao taan korotaamnei man aaba aika kakaokoro ibukin kamwaitan karaki aika raraoi ibukiia ataei.

Noora libraryforall.org ibukin rongorongo aika boou i aon ara kataneiai, kainibaaire ibukin karinan karaki ao rongorongo riki tabeua.

Ko kukurei n te boki aei?

Iai ara karaki aika a tia ni baarongaaki aika a kona n rineaki.

Ti mwakuri n ikarekebai ma taan korokaraki, taan kareirei, taan rabakau n te katei, te tautaeka ao ai rabwata aika aki irekereke ma te tautaeka n uarokoa kakukurein te wareware nakoia ataei n taabo ni kabane.

Ko ataia?

E rikirake ara ibuobuoki n te aonnaaba n itera aikai man irakin ana kouru te United Nations ibukin te Sustainable Development.

library forall.org